숨결이 닿고,
머물고,
흘러가는

숨결이 닿고, 머물고, 흘러가는
l초판인쇄 2025년 9월 25일 **l저자** 서유담(서은서) **l펴낸이** 김영태
l펴낸곳 도서출판 한비CO **l출판등록** 2025년 9월 9일 제 25100-2006-1호
l전화 053)252-0155 **l팩스** 053)252-0156
l주소 41967 대구광역시 중구 관덕정길 13-13 (남산동) 미래빌딩 3층 301호
l홈페이지 http://hanbimh.co.kr **l이메일** kyt4038@hanmail.net

ISBN 9791164871698
       9788993214147(세트)

값 18,000원

*잘못된 책은 교환해 드립니다.
*저자와의 협의로 인지는 생략합니다.
*본문의 일부 이미지 제작에 Chat GPT 협업 활용
*본 도서의 모든 저작권은 저자에게 있습니다. 무단 복제 및 사용을 엄격히 금합니다.

숨결이 닿고,
머물고,
흘러가는

서유담 시집

바쁘게 돌아가던 세상이
조용히, 천천히, 한 장의 종이처럼
접히다가 살짝 펼쳐진다

헌사

아버지께

마주 앉지 못한 시간.
남겨진 산을 바라보며
책장을 넘기듯
삶을 건너시던 당신을 그리워합니다.

말없이 바라보던 그 산이
내 시의 첫 줄이었음을
이제야, 조용히 깨닫습니다.

이 시집은
당신의 침묵 위에 올린 새벽,
가장 긴 밤 끝에서
처음 맞은 빛입니다.

{프롤로그}

처음 꺼낸 시, 처음 느껴보는 온도

고요한 새벽처럼
시 하나를 조심스레 꺼냈습니다.

처음 써보는 말투,
처음 느껴보는 감정.
서툴고 느렸지만,
그만큼 진심을 담았습니다.

이 시집엔
아이 같은 눈빛,
마음속 깊은 언어,
작은 하루를 위로하는
숨결이 담겨 있습니다.

그 모든 순간이
나에게 첫 숨이 되었고,
누군가에게
따뜻한 시작이 되기를 바랍니다.

― 서유담 (徐流淡, You dama)

목/차

1장.
나로 피어나는 조용한 아침

조용히 시작된 마음의 계절
나를 돌아보는 일은
언제나, 포근한 일상이었다

헌사 4
프롤로그 5
나의 계절(수상작) 14
그곳엔 16
조롱박 17
수박 웃음(수상작) 18
술래가 된 구름(수상작) 20
빗방울 오케스트라(수상작) 21
비 오는 날의 동화 23
찬찬히 숨을 고르며 24
숨결이 닿고, 머물고, 흘러가는(수상작) 25
닿지 못한 작은 행성(수상작) 27

2장.
익숙한 풍경 속에서, 조금씩 단단해진다

고요 속에서 변화는 자란다
익숙한 하루의 끝자락에서
빛은 천천히 피어난다

이 맛, 엄마 같다 30
살짝 용서하기로 했어 32
팥빙수 한 그릇 33
노란 작은 새 35
그리움이 내리는 날 37
잔혹 동화 ― 막이 오른다 39
내 마음과 다른 결 42
깊어진 소나기 43
나는 나로 익어간다 44
한여름 축제 전야 45

{연작시} 말결에 피어나는 사람 47

말결은 숨결이다
작은 말 한마디에
마음은 울고 웃는다

 Ⅰ. 조용한 용기 48
 Ⅱ. 기쁨의 눈물 49
 Ⅲ. 처음 건네는 말 50

{동동동} 51
- 돌고 도는 하루

나의 하루는 둥글게 돌고
동동동,
노래가 된다

동동동 52

{테마시} 익숙한 풍경 속 평온한 마음 53
- 마음이 머무는 곳

익숙한 풍경 속
마음이 조용히 내려앉는다

괜찮은 하루 54
다시 돌아, 찾은 다방 55
꽃잎 날개 57
내 마음 속 별 하나 59
피어나는 기다림 60

- 쉬는 날 61

일상의 틈새
몸과 마음이 잠시 쉬어간다

Ⅰ. 구름을 따라 62
Ⅱ. 세상이 한 장의 이불처럼 64
Ⅲ. 조용히, 이름 하나 66

3장.
함께 걷는 다정한 거리

다름을 안고도
함께 걷는 마음이 있다
결국, 우리를 이어주는 건
서로를 기다려주는 속도였다

'나'종의 자기다움   68
다른 걸음, 함께 걷는 길   70
나도 계모임 하나 만들까   73
숨 쉬는 날   75
우리 가족의 리듬   77
가족이란 이름   82

4장.
하늘과 나의 변함없는 이야기

**매일 다르게 흐르는 하늘 아래
나는 나로 머문다**

하늘과 나의 변함없는 이야기　84
창원의 집　86
마음 계좌　87
천천히 새겨지는 마음　89
쉬어도 괜찮아　91

{별책부록} 라떼는 아니쥬~　93

• 기다림 － 따뜻한 기억 보고서
편지에 마음을 담던 그 시절,
기다림은 설렘과, 기다림이란 마법으로 다가왔다

기다림은 설렘　94
기다림이란 마법　96

• 전과 － 초등학교 기억 보고서
정답보다 웃음이 먼저였던 시절,
우리는 삶을 '생략'하지 않고 꾹꾹 눌러 담았다

전과에도 없는 답　98
생략　100

{Bonus Track} 디카시 | 4월소 102
순간은 사진에 머물고, 숨결은 시로 이어진다

- 보랏빛 마음 (땅의 위로)   103
    여름 아침, 산책길 담장 위에서 피어난 보랏빛 나팔꽃
    : 아침 햇살에 내려앉은 보랏빛 안부

- 태양이 떨어졌다 (불의 열정)   104
    퇴근길, 자동차 창 위로 붉게 번진 노을
    : 그 빛 속에서 나도 충분히 뜨겁다

- 깊은 바닷속 (물의 구원)   105
    숨 막히던 여름날, 조용히 건져 올린 숨
    : 멈춘 삶에 투명한 숨이 다시 흐른다

- 나르샤 (하늘의 고요)   106
    지친 마음에 고요가 닿던 날
    : 마음은 고요 속에 가벼워졌다

{에필로그}
잠시 쉬어가는 시의 자리   107

{Special Letter}
언제나 그 자리에   109
 - 사랑하는 아들에게

*시평 : 김영쾌(명예 문학박사)   112

1장.
나로 피어나는 조용한 아침

천천히 피어나는 **마음**
　　나의 **계절**이
말없이 시작되었다

고요한 **틈**에서
나는 **나**로 피어난다

나의 계절

긴 머리를 자르니,
괜히 기분이 좋아졌다.
기대한 것도 아닌데
묶고 풀던 마음이
살짝 느슨해졌다.

거울 속 나도
마음에 드는지
슬며시 웃고 있다.
표정은 전보다
조금 더 부드러워졌다.

꽉 묶여 있던 생각들이
조금씩 흘러나오고
가라앉은 마음은
조용히 떠오른다.

마음은 가벼워지고
시간도 느리게 흐른다.
오늘은 왠지,
모든 게
내 편인 것만 같다.

그렇게-
나의 계절이
말없이,
그러나 분명하게
시작되고 있었다.

그곳엔

머리를 자르러 갔는데
마음이 먼저 앉았다

말을 걸어도
부담이 없었고
가위 소리 사이로
내 숨이
조금씩 가벼워졌다

머리카락을 자르고 나면
마음도 괜찮아졌고
어쩐지
괜찮은 사람이 된 것 같았다.

그곳엔,
나보다 먼저
나를 바라봐 주는 이가 있었다

나의 계절은
그곳에서
조용히 피어나기 시작했다

조롱박

조롱박 하나가
하늘에서
그네를 탄다

바람 불면
엉덩이가
살짝 들썩—

나는
올려다보다가
킥, 하고 웃었다

수박 웃음

수박 한 조각 물고,
씨를 퉤퉤, 퉤퉤,
킥킥킥,
웃음이 먼저 터졌어요

누나 따라, 아빠 따라,
입술은 빨갛게 물들고
여름도 빨강빨강,
웃음도 빨갛게 익었죠

따뜻한 마루 위에
부채는 팔랑팔랑,
바람을 일렁이고
햇살은 웃음 위에
살금살금 내려앉았어요

그렇게 웃음은
파르르, 파르르-
수박씨처럼
톡톡, 톡-
튀어나왔어요

《서유담의 말》
수박 한 조각 물그 웃던 여름,
당신의 웃음이
내 안에서 다시 피었습니다.

빨갛게 익은 계절마다
그 품이, 그 웃음이
언제나 내 삶을
조용히 적십니다.

술래가 된 구름

구름이
술래가 되었나 보다

아무 말 없이
천천히 움직이더니
하늘 끝까지
다 찾아보는 중이다

햇살은
나뭇잎 뒤에 숨었고
바람은
창틈으로 도망쳤고
나는
소파에 가만히 앉아
숨을 꾹 참고 있다

구름이
내 마음속까지
슬쩍 들여다본다

딱 걸렸다—
그래도,
안 잡힌 척
조용히 웃는다

오늘,
닿지 못한 작은 행성에서
나는 다시
어린 왕자를 만났다

―서유담의 「닿지 못한 작은 행성」
중에서

| 출간 기념 |

『숨결이 닿고, 머물고, 흘러가는』
서유담 500부 리미티드 굿즈 엽서

illustration by you dama × chatgpt

빗방울 오케스트라

쏴아아-
빗줄기가
무대 커튼을 열어요

뚜두뚜두-
지붕은 드럼,
처마 끝은
딩딩, 실로폰!

첨벙첨벙-
고양이 발자국은
캐스터네츠처럼 딸깍딸깍

전깃줄 위 참새는
띵띵,
맑은 소리를 날려요

우다다다-
개미들이
바빠요 바빠-!
풀잎 사이를
바이올린처럼
살랑살랑, 달려가요

쿵쿵쿵!

장화 신은 내 발,
물웅덩이를 꾹! 꾹! 꾹!
신나게 북을 쳐요

휘이잉-
바람은 클라리넷!
가로수 사이로
피이- 피이- 노래하죠

똑똑똑똑-
빗방울은
피아노 건반을 누르듯
또랑또랑,
맑게 연주해요

저 멀리 하늘에선
천둥이 꽝!
커다란 북을, 쾅쾅!

오늘은 비 오는 날,
구름이 지휘봉을 들어

쉿-
조용히 신호를 주자,

온 세상이
빗방울 오케스트라의
무대가 되었어요!

비 오는 날의 동화

새 우산, 새 장화
비 오는 날도 좋아요.

빗방울이 뚝뚝 떨어져도
발걸음은 콩콩— 콩
노래가 흘러요.

물웅덩이를 푹 밟아도
튀는 물방울은 장난 같고,

길가에 달팽이를 만나
감기 들면 열날까 봐,
살며시 우산을 씌워 줍니다.

함께 비를 피하다 보니
구름이 걷히고

우산 너머,
무지개가
우릴 보고 웃어요.

찬찬히 숨을 고르며

나는
한 사람, 한 사람을
조심스레 깊이 사랑한다

그 앞에 서면
말끝이 부드러워지고
눈빛도
자연스레 따뜻해진다

하지만
사람이 많아지면
내 마음의 촉이
이곳저곳 흩어지고

나는
조용히,
작아진다

그래서
내 안으로 천천히 걸어 들어가
찬찬히 숨을 고르며
살아간다

숨결이 닿고, 머물고, 흘러가는

세상이 멈춘 그 순간,
나는 고요 속에서
나와 마주한다.

밥도 잊고,
시간도 잊고,

세상 시계에서
서서히 멀어진다.

아무 말 없이
이어지는 대화,
그건 단순한 이야기가 아니다.

숨결이 닿고,
머물다,
살며시 흘러간다.

창밖 소리도,
커튼 너머 햇살도
조금씩 흔들리고,

시곗바늘마저

살짝 흔들리며 흐린다.

바쁘게 돌아가던 세상이
조용히,
천천히,
한 장의 종이처럼 접히다가
살짝 펼쳐진다.

그리고 그 속에서
나는 고요히
나를 마주한다.

닿지 못한 작은 행성

사람들은
눈에 보이는 것만,
귀에 들리는 것만
믿으려 한다

보아야 할 것
들어야 할 것
끝내
보지 못하고
듣지 못한다

눈앞의 반짝임은
먼 우주조차 모르는
닿지 못한 작은 행성

여우는 어린 왕자에게 속삭였다*
"가장 중요한 것은
눈에 보이지 않아."

그 말처럼
가장 중요한 것은

---

* 생텍쥐페리 『어린 왕자』에서 인용

언제부턴가
우리 삶에서 지워졌다

오늘,
닿지 못한 작은 행성에서
나는 다시
어린 왕자를 만났다

2장.
익숙한 풍경 속에서
조금씩 단단해진다

변화는
어느 날 갑자기
오는 것이 아니라

매일의 **쉼**과
작은 흔들림 속에서

조금씩
아주 조금씩
자라나는 것이다

이 맛, 엄마 같다

아이스크림 가게 앞에만 서면
아들들은 늘
검고 쫀득한 그 맛을 고른다.

속에 뭐가 들었는지
한 입으론 설명할 수 없는 맛.

"이거 진짜 맛있어!"
숟가락은 멈추질 않고
입안에선 계속 새로움이 퍼진다.

그 모습을 보며
문득 생각한다.

나는
아이들 눈에
정말 외계인처럼 보일까?

속을 쉽게 드러내지 않으니
가까이 있어도
멀게 느껴질 때가 있겠다.

그래도 오늘은

그 검고 달콤한 아이스크림을
나도 한 입 먹어본다.

단데,
복잡하고
조금 낯설지만
계속 생각나는 그 맛.

아—
이거,
엄마 맛이다

살짝 용서하기로 했어

오늘 하루
다 망한 기분이야

근데
진한 체리 아이스크림 한 입 먹고
살짝 용서하기로 했어

나도
세상도

팥빙수 한 그릇

숟가락은
조심스레
휴지에 싸여 대기 중이고

빙수는
말도 없이
팥을 수북이 얹어 놓고 있다

아무 말 없어도
먼저 녹는 건
얼음이 아니라,
우리의 웃음이었다

한 입,
"오, 이거 진짜 맛있다"
두 입,
"야, 좀 천천히 먹어~"

빙수 그릇 하나
우리는
한여름 오후를
서로 나눠 먹었다

노란 작은 새

그날 나는
너를 놓쳤다

바빴고
마음도 그랬다
잡으려 했지만
손보다 마음이 느렸고

너는
가볍게 날아올랐다

시간이 흐른 뒤에야
나는 알았다.
그건 그냥
작은 새 한 마리가 아니라
내 마음 한 조각이었다는 걸

사진 한 장이 남았다
너의 모습,
그날의 빛,
그리고 나의 망설임

지금도

그 사진을 보면
눈물이 난다

그건 슬픔이 아니라
기억하고 있다는 증거
내 마음이
아직 살아 있다는 증거

그날,
너도 나처럼
조금은 머물고 싶었겠지

그래서 그렇게
천천히
내 곁을 스쳐갔겠지

아무 말도 없던
노란 깃털 하나가
지금은
내 마음 가장 깊은 곳에
살며시 앉아 있다.

그리움이 내리는 날

<햇볕 쨍쨍한 날>

말도 없이
눈물이 툭-
먼저 떨어졌다

한 방울,
두 방울,
후드득-
유리창 위로
빗물이 내려앉는다

애꿎은 와이퍼가
끼익 끼익,
조용한 마음 위를
왔다 갔다,

닿지 못한 말들
참았던 기억들
겹겹이 쌓인 그리움이
아무 예고도 없이
흘러내린다

그날 하늘은
눈부시게 맑았고
나는
그 햇살 아래서
조용히 울고 있었다

왠지, 너무 맑아서
더 그리운 날이었다.

잔혹 동화
—막이 오른다

[프롤로그]
'미운 오리 새끼'라는 동화,
다들 알지.
그래서 슬프지 않아.
결국, 행복한 이야기니까.

[장면 1 — 시선]
하지만 현실은 달라.
나는
미운 오리 새끼도 아닌데
사람들은 왜
그 아이 보듯
나를 볼까.

내가 나타나면
괜히 분주해지는 사람들.
조용하던 공기가
갑자기 일렁이고
나는 조심스레
발끝을 숨긴다.

[장면 2 - 고립]
같이 있어도
혼자인 기분.
무대 위,
조명 아래,
덩그러니 선 채
나는 묻는다.

나와 다른,
너의 다름은
왜 내게
무거운 숨을 씌우는 걸까?

[장면 3 - 비상]
결국
나는 무리를 피해
내 무대를 찾았다.

이제
내 공간을
누구도 침범하지 못해.

그래서 나는
날개를 활짝 펴고
날아올랐다.

저 높은 곳에서 날 때,

너희는 감히
나를 바라볼 수 있을까.

그 시선 아래서
너희는
기억마저 흐릿한
작은 점일 뿐이다.

[막이 오른다]
지금부터―
잔혹 동화가 시작된다.

[에필로그]
― 열여덟의 어느 밤
빛바랜 노트 한 장을 넘기다
그 시절의 나와
다시 마주했다.

그리고 동화는
막이 내린 무대 위에서
다시 시작되었다.

(막이 오른다. 조명이 켜진다.)

내 마음과 다른 결

꼭 미워서가 아니다
꼭 상처받아서도 아니다

이제는 내 마음과
다른 결이기에
조용히, 소란없이
멀어져 가는 것.

그것이 내 숨결을 지키는
가장 조용한 용기이다

꼭 나쁜 사람이 아니어도,
서로 다정했어도
더 이상 내 마음과
맞지 않는 길을
걸어갈 때가 있다

깊어진 소나기

굵은 막대가
투투투-
화살촉처럼
내려꽂는다

숨 쉴 틈 없이
땅을 내리친다

땅은 말없이
그 무게를 견딘다

가슴 깊은 웅덩이
그 속에 고인
말 없는 눈물

-당신의 눈물,
참지 말고
소리 내 울어도
괜찮아요.

눈물은,
소나기처럼
스쳐갑니다

나는 나로 익어간다

못생긴 날들이
줄줄이 매달렸다

햇살에 쪼이고
바람에 뒤집히고
혼자 부푼 날도 있었다

그래도 버티었다.
굳세게,
내 속에서
무언가 익고 있다는
믿음 하나로

어느 날,
누군가 끓인
된장국 속에서
내 마음이
조용히 향이 났다

못생겨도 괜찮아,
이 맛은 나만 낼 수 있으니까.

한 여름 축제 전야

유후-
바람이 확-
볼을 스치고,
기분은 벌써 제주도

마음은 둥둥,
웃음은 샤르르
하늘 위로 떠오른다

드디어
기다리던 휴가!

알람은 꺼!
단톡은 잠궈!
오늘은 오롯이
나만의 시간

콜라 한 잔,
'츠으-' 소리와 함께
톡톡- 터지는 청량감

크으-
속이 뻥,
기쁨이 물결친다

리모컨 한 번,

스크린에 내가 고른 세상
말도 필요 없다
혼자 웃고, 혼자 즐긴다

밖은 덥고 붐벼도
이 공간은 서늘하고 완벽하다

팡! 팡! 팡!
마음속 폭죽이
한여름 축제 전야를 알린다

- 말결에 피어나는 사람

말이란
때로 날카롭고,
때로 다정하며
때로 조용히 마음을 열게 한다

말의 **결**마다
사람이 피어난다

| 말결에 피어나는 사람 |

1. 조용한 용기

말은
때로 칼날처럼 날카롭다

의도치 않은 말조차
마음 깊이 스며들어
상처를 남긴다

나는 말에 예민하다
말 한마디에
울고 웃고
살아내고
또 지치기도 한다

그래서 나는 천천히
마음의 거리를 두고
말이 닿지 않는
공간을 만든다

내 마음의 평화를 지키는 일―
그것은
가장 조용한 용기다

| 말결에 피어나는 사람 |

II. 기쁨의 눈물

오늘,
너와 나눈 말들은
내 마음에 상처를 남기지 않았다

고요히 마음을 가라앉게 했고
살며시 기대듯
말 없는 위로처럼
숨을 가만히 내려놓게 했다

그렇게 찬찬히
살아낸 시간 끝에—

맺힌 이 눈물은
슬픔이 아니라
견뎌낸 끝에 피어오른
기쁨의 눈물이다

| 말결에 피어나는 사람 |

Ⅲ. 처음 건네는 말

말을 건넨다는 건
작은 떨림을 건네는 일―

내 마음 한 자락을
천천히
펼쳐 보이는
일이다

혹여 상처가 될까
한참을 망설이며
입술 끝에서
말을 매만진다

그래도
말은
닫힌 마음을 여는
작은 열쇠이기에―

나는 오늘
너에게
가장 따뜻한 말
한마디를 건넨다

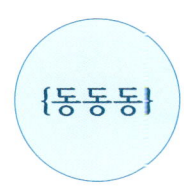

− 돌고 도는 하루

나의 **하루**는
동그란 **원**을 그리며
돌아간다

동동동—

그 리듬이
노래가 된다

동동동

동동동
세탁기가 돌아간다

동동동
시계가 돌아간다

동동동
눈도 돌아간다

동동동
하루가 돌아간다
기분도
동동동

그 안에 나도
동동동

익숙한 풍경 속 평온한 마음

- **마음이 머무는 곳**

따뜻한 마음,
마음 속 **별** 하나,
천천히 피어나는 꽃

그 사이에서
지친 마음이
조용히 숨을 고른다

| 마음이 머무는 곳 |

괜찮은 하루

쌉싸름한데,
괜찮아

달콤한 건
늘 조금 늦게 오는 법이니까

한 모금—
입가에 번지는
조용한 미소

조금 서툴러도
괜찮은 하루가 된다

—입안 가득,
자몽빛 온기에 기대어

| 마음이 머무는 곳 |

다시 돌아, 찾은 다방

덥고 목마른
늦은 오후,

지치고 힘든 하루 끝자락
양손엔 짐이 가득.
그냥 지나쳤던 발걸음-

다시 돌아, 찾은 다방

익숙지 않은 키오스크 앞,
머뭇거리는 손끝
괜스레
마음이 상하던 순간-

따뜻한 손길에
괜시리 눈물 날 듯,

얼음 가득-
한 잔의 미숫가루,
사각사각
더위를 부순다.

고단했던 하루가

녹아내리고,
닫혔던 마음도
조용히 열린다

| 마음이 머무는 듯 |

꽃잎 날개

새 옷을 입은 발걸음,
공기 위를 살짝 떠다닌다

아차!
입던 옷 담긴 가방—
놓고 온 듯
가슴이 덜컥

'낼 가게로 가야지'
스스로 달래며
수박주스를 주문한다

양산을 접어
자리에 두려는 순간—

"어!?"

팔꿈치에 매달린,
나란히 앉은 옷가방

수박주스는
빨갛게 웃는다

수박주스 한 모금—
한여름을 삼키고

나는
꽃잎 날개를 달았다

햇살을 디디며
가볍게 날아오른다

| 마음이 머무는 곳 |

내 마음 속 별 하나

와,
별이 엄청 커요.

꽃잎이 살짝 접힌 걸 보니
누가 다녀간 것 같아요.

초록빛이 흔들리고
하늘은 조용했죠.

말없이 와서
말없이 웃고
말없이 다녀간 사람

아마도
어린 왕자였나 봐요.

내가 몰래 숨겨둔
마음속 별 한 조각을
보러 온 거겠죠?

그래서 오늘 밤,
내 마음속 별 하나가
조금 더 반짝여요.

피어나는 기다림

비가 온단다
나는
조용히
기다린다

들뜬 마음
들킬까 봐,
살포시
포옥 숨는다

말캉한 채로
너를
조심스레
받아들인다

늦게 피어난
6월의 호박꽃

- 쉬는 날

구름처럼 흐르고,
햇살처럼 스며든다

세상이 한 장의 이불처럼
나를 덮는 **하루**

조용히
이름 하나, 떠오른다

|쉬는 날|

1. 구름을 따라

기지개를 켜며
느릿이 일어난다
하품 한 번, 크게

가장 편안한 자세로
쇼파에 툭-
몸을 기대 본다

폰을 만지작거리며
이곳저곳,
좋아하는 영상 하나 재생해 두고

보글보글 끓는 라면
살며시 불어오는 라면 김

이보다 행복할 수 있을까

가끔은 시 한 줄
가끔은 예쁜 그림
짧은 말 한마디에도
마음이 쿵하고 울리는 INFJ*지만

평소엔 나름 잘 돌아가던
머릿속이
오늘은 뒤죽박죽
조금 흐트러져도 괜찮다

청소는 슬쩍
장보기는 클릭 한 번
쇼핑은 눈으로만
이런 여유는 아는 사람은 다 안다

라면 한 그릇의 포만감에
눈꺼풀이 스르륵-
감기려는 순간

창밖을 보니
하늘 위 흘러가는 구름

그 구름을 따라,
시간도 천천히 흐른다

---

* MBTI의 성격 유형 중 하나

| 쉬는 날 |

II. 세상이 한 장의 이불처럼

라면 국물의 따뜻함이
속 깊이 스며든다

배 속에서 마음까지
천천히 퍼져가는
느긋한 온기

창밖 햇살은
말없이 번지고

집 안엔
아주 고요한 오후가
포근하게 깔린다

나는
쇼파에 몸을 기대고
조용히 눈을 감는다

눈꺼풀이
스르륵—

마치 누군가
이불을 살포시

덮어주는 것처럼

숨소리도
생각도
느리게 가라앉는다

세상이
한 장의 이불처럼
나를 덮는다

| 쉬는 날 |

Ⅲ. 조용히, 이름 하나

햇살은
커튼 아래로
조용히 물러가고

아파트 불이
하나둘 켜진다
나도
불을 밝힌다

구름 너머
별 하나
살며시 빛나고

창틈으로
바람이 스친다
무언가 말하듯,
그러나
아무 말도 없이

따뜻한 기억 하나가
가만히 떠오른다
조용히,
이름 하나

3장.
함께 걷는 다정한 거리

다름 속에서도
닿을 수 있는 마음이 있다

모습이 달라도
속도가 달라도

함께 걷는 길은
다정한 거리가 된다

'나'종의 자기다움

아들이 물었지

"엄마가, 왜 인스타를 해?"

나는 잠깐 머뭇거리다
말했어
"그냥…"

누군가는 말하지
"관종 아니야?"

"나는 나종이야!"
무심히, 툭 한마디

좋아요는 몰라도
좋은 건
공유하고 싶잖아.

나에게 남이란
그저
이웃사촌쯤 되는 사람들

멀지도,

가깝지도 않게
스쳐도 따뜻한.

#마음이머무는곳
#나를찾는여정
#소소한진심
#진짜나의빛
#일상속따스함

다른 걸음, 함께 걷는 길

새벽 공기가
숨을 깨운다
산길을 걷기 좋은 아침

배낭 흔들리는 소리
말없이 건네는
따뜻한 물 한 모금

오늘도 우린
서로의 속도로
걷기 시작했다

그 사람은
늘 먼저 앞서갔고
나는 뒤에서
숨을 고르며 따라갔다

"페이스 끊기면 안 되니까."

그 말
조금 서운했지만
알고 있었다
그건,
내 속도를 기억하는 방식이라는 걸

조금 앞서 걷다가
잠시 멈춰
뒤를 돌아보는 사람

말은 없어도
기다리는 마음.
'남편'이라는
이름의 다정함이었다

얼마나 걸었을까?

중턱쯤에서
귤 하나 건네고
괜히 먼 산만 바라보던 손끝

그런 사소한 순간들이
우리를 여기까지 데려왔다

걸음은 달라도
같이 걷는 우리.

이곳은—
정상이다

나도 계모임 하나 만들까

남편은 또 계모임 간다며
톡 한 줄 남기고 사라진다

늘 갑작스럽고,
늘 당연한 듯,
늘 "허허"

나도 생각했다.
나만의 계모임을 하나 만들자고.

회원은 나 혼자
출석률 100%,
회비는 없고,
장소는 그때그때 다르다

카페에서 허니 자몽 블랙 티 마시는 날엔
'자기돌봄계'

문 닫고 누워
넷플릭스 보다가 잠들면
'완충계'

편의점에서 새우깡 한 봉지 꺼낸 날엔
'취향존중계'

말 안 해도 좋고
갑자기 시작해도 괜찮고
무슨 말이든
내 맘대로 해도 된다

아무도 뭐라 하지 않고
아무도 기다리지 않고
아무도 박수 치지 않아도ㅡ

나는 나에게
작게, 그러나 분명히 말해준다

오늘도 잘 살았다고.

리스펙

숨 쉬는 날

젖어도
우리는 웃고 있었다

나는 오늘을 달린다
견뎌온 날들이 많았지만—
이 손을 놓지 않기 위해서

함께 달린 이 길은
너에겐 웃음이 되고
나에겐 숨이 된다

너는 세상 좋아 웃었고
나는 네가 좋아 웃었다

빗줄기보다 먼저
스며든 따뜻함
말하지 않아도
전해지는 마음이 있다

아이의 해맑은 웃음소리
나는 점점 가벼워졌다

젖은 운동화 속

삐걱이던 하루

하루의 무게를
빗속에 휙-
던져 버린다

숨 쉬는 날,
작은 손을 꼭 잡고

우리 가족의 리듬

가끔은 너무 달라서
한 지붕 아래 있다는 게
참 신기할 때가 있어요.

하지만 어느 순간,
서로가 퍼즐 조각처럼
살며시 맞춰져 있다는 걸 느껴요.

MBTI*라는 작은 창으로

---

* 개인의 성격 유형을 분석하고 분류하는 도구. 사람들의 선호하는 인지 방식과 행동 스타일을 네 가지 지표로 총 16가지 성격 유형으로 분류.

우리 가족의 하루를
살짝 들여다봅니다.

INFJ* 엄마는
말보다 표정에
마음이 먼저 머무는 사람.

섬세한 감성의
작은 기상청처럼,
툭툭 털어내는 온기를 안고
조용히 하루를 시작합니다.

오늘도 아이 마음속에
따스한 말 한 줌
살며시 올려두는 사람-
이게 우리 엄마입니다.

ESTJ** 아빠는
고요한 새벽을 사랑해요.

커피 향 곁에

---

* MBTI의 총 16가지 성격 유형 중 한 분류
** MBTI의 총 16가지 성격 유형 중 한 분류

토스트 굽는 소리를 가지런히 놓고,

물건은 제자리에,
시간은 반듯하게 접어두며
하루의 리듬을 잡습니다.

말은 적어도,
튼튼한 박자로
가족을 지켜주는 사람.

INFP* 큰 아이는
방이라는 작은 우주 안에서
감정과 상상이
나란히 흐릅니다.

벽면에 붙은 그림들—
하얀 고양이는
공중에 둥둥 떠 있고,
검은 고양이는
가로등 아래서 조용히 나를 바라봅니다.

아이의 손끝에서 태어난 고양이들,
그만의 상상으로 만든 세계입니다.

---

* MBTI의 총 16가지 성격 유형 중 한 분류

전자피아노,
친구가 선물한 인형,
감성으로 고른 옷과 손 편지들.

먼지 한 톨조차 소중한 공간,
기억과 감정이 가득 쌓인 그 방은
별처럼 반짝이는
그만의 리듬으로 완성된 우주입니다.

ISFP* 막내의 방을
살며시 열어볼까요?

프라모델을 조립할 때의
진지한 얼굴.

부품을 맞추는 손끝은
세상과 이어지는
그의 방식입니다.

책장 위 모형총에는
작은 먼지가 내려앉아 있지만,
그마저도 소중한
마음의 흔적입니다.

---

* MBTI의 총 16가지 성격 유형 중 한 분류

이어폰 너머 흐르는 음악,
레고 상자,
좋아하는 만화책과 피겨들 사이로
그의 하루가 천천히 흐릅니다.

말은 적어도,
마음은 깊은 아이—
자기만의 리듬으로
조용히 살아갑니다.

서로 다른 네 세계,
모습도, 속도도 다르지만—

우리는
같은 하늘 아래
서로의 리듬을 맞추며 살아갑니다.

이것이 바로,
우리 가족의 리듬.

가족이란 이름

한 줄 시를 쓰고 나니
가장 먼저 떠오른 얼굴은,
늘 말없이 웃어 주는
당신들이었어요

먼 길이라 믿었던 글의 시작,
돌아보니
가족이란 따뜻한 바람이
늘 저를 밀어 주고 있었네요

그 모든 길 위에
가족이란 이름으로
밝게 빛나고 있었습니다

제 마음도 조용히
당신 곁에서 피어납니다

4장.
하늘과 나의 변함없는 이야기

늘 달라지는 **하늘**아래
나는 **나**로 머문다

흘러가는 **시간 속**
작은 **기억** 하나가
빛이 된다

하늘과 나의 변함없는 이야기

하늘은
맑다가 흐리다가,
금방이라도 비가 쏟아질 듯
변덕을 부린다

꼭 내 마음 같다
사소한 말 한 마디에
구름이 끼고,
어떤 기억 하나에
소낙비가 쏟아지기도 한다

그런 날엔
햇살보다는 바람을 느끼고
하늘보다는
내 마음을 들여다본다

누구도
늘 맑을 순 없으니까

흐린 날이 있어야
푸른 하늘의 소중함도
비로소 알게 된다

하늘은 변하더라도,
늘 하늘이듯—
모습이 달라져도
나는 언제나, 나였다

창원의 집

기와 위에 스며든 바람이
지나간 시간을 불러오면
연못 위로
하늘이 잠시 내려앉는다.

한복 자락 스친 자리엔
말 대신
다정한 발소리만 머물고

창원의 집엔
사람보다 오래된 마음이 산다
그곳에 서면
나도 조용히, 예뻐진다

마음 계좌

기쁨과 슬픔이
조용히 마음에 쌓인다

소중한 사람과 나는 감정은
오해를 천천히 녹이고
'이해'라는 따스한
이자가 된다

신뢰는
작은 약속과 진심을 모아
차곡차곡 쌓는
마음의 저축

하지만
저축하지 않으면,
텅 빈 마음만 남아
불신과 오해가
서로를 멀어지게 한다

가끔은
잔액이 부족해
용기 내기 힘들고

가끔은

넘치는 감정에
눈물이 흐르기도 한다

그래도 나는
조금씩, 조금씩
마음을 저축한다

작은 사랑
작은 위로

언젠가 꺼내 쓸
그날을 기다리며

《서유담의 말》
내가 자꾸 하늘을 보니
하늘이 먼저 웃더라

이런 걸 찍었다고 말하긴 어렵다
구름이 도와준 거겠지...

무지개는 나무에 기대고
가끔은,
하트도 떠오르더라.

천천히 새겨지는 마음

노을빛이
천천히 내 얼굴을 물들인다

늘어진 볼,
주름진 눈가에도
세월의 온기가 스며든다

그래도
내 눈빛은 아직 따뜻하다

가슴 뛰던 날도 있었고
무너진 밤도 있었다

이제는 안다
아름다움은 반짝임이 아니라
버텨낸 시간 속에서
천천히 새겨지는 마음이라는 걸

무엇이든 될 수 있을 것 같던
그 시절의 꿈들

길을 잃고,

되돌아가며
나는 나를 만들어 왔다

그리고 언젠가,
누군가의 마음 한켠에
나의 작은 흔적이
노을빛처럼 번져간다면―

그걸로
충분하다.

쉬어도 괜찮아

괜찮아,
너무 애쓰지 않아도 돼

숨 가쁘게 달려온 시간
이젠
천천히 내려놓아도 좋아

세상이 모를지라도
나는 알아
네가 얼마나
잘해 왔는지

지친 너에게
조용히 손 내밀어
따뜻한 온기로
감싸 안아 주는

그 다정한 사람,
알고 보니 나였더라

그래,
내가 너의
가장 든든한 친구이자

가장 부드러운 안식처라는 걸—

잊지 마.

라떼는 아니쥬~

기다려 주던 마음,
말없이 건네던 눈빛

스쳐 지나간 순간들이
조용히
나를 웃게 한다

| 따뜻한 기억 보고서 |

기다림은 설렘

멀리서 들려오던
자전거 소리.
아득히,
지난 시간 속으로 걸어간다.

편지가 왔을까,
슬리퍼 소리 살짝 울리며
계단을 내려가던 오후

아파트 우편함 앞에서
잠시 멈춰 선
그 설렘이
가만히 나를 두드린다.

편지를 주고받던 시절
기다림은
작은 떨림이었고
마음은
늘 따뜻했다.

해맑게 웃는 두 소녀가 보인다.
살며시 꺼낸 한 장의 편지와
그 너머의 마음까지.

그때의 온기와 빛은
조금 흐려졌지만

그 시절,
그 마음을
한 장의 편지처럼
조용히 꺼내어 본다.

― 나에게
쓰는 편지

| 따뜻한 기억 보고서 |

기다림이란 마법

휴대폰이 없던 시절, 나는
아무에게도 닿지 않았고
아무도 나를 찾지 않았다.

딸깍—
버튼을 누르면
나만의 세계가 열렸다.

카세트테이프 속 노래는
나를 조용히 안아주었다.

작은 이어폰을 끼고
고요히 음악을 들을 때면
누군가가 그리워졌다.

새 우표가 나오면
하나씩 모았고,
수업 시간엔 쪽지를 적어
마음을 건넸다.

그때, 기다림이란
마법 같았다.

누군가를 생각하는 동안
가슴은 몽글몽글 부풀었고
그 마음은 빛이 되어
나를 밝혀주었다.

지금은 무엇이든 금방 닿는 세상.
하지만 그만큼,
쉽게
잊히기도 한다.

아이들은
모를지 몰라도 나는 안다.

그 마법이
얼마나 소중했고,
얼마나 따뜻했는지

| 초등학교 기억 보고서 |

전과에도 없는 답

어릴 땐,
전과만 있으면
공부는 끝나는 줄 알았다.

요즘으로 치면
GPT까진 아니고,
콴다나 유튜브 요약 영상쯤!

한 시간 넘게 붙잡던
산수 문제도
전과를 펼치면
금방 답이 나왔다.

"와, 이렇게 쉽다고?"
물 붓고 저으면 되는
3분 카레 같았다.

인생도
그렇게 금방 익는 줄 알았지.

전과는
내게 신세계였다.
공부는

찾는 게 아니라
그냥 베끼는 건 줄 알았던 시절.

그때부터
삶의 많은 문제도
슬쩍 넘겨보고 싶어졌다.

그땐 몰랐지만,
살다 보니 알게 되더라.

전과에도
정답은 없다는 걸

| 초등학교 기억 보고서 |

생략(省略)

나는 어릴 때
꽤 괜찮았다.

한글도 유아 때 스스로 떼고
신동 소리도 들었더랬다.

초등학교 2학년, 올 수(秀).
요즘 등급으로는 A였지.
그땐 정말,
나도 빛나는 아이였다.

웃지 못 할 일화 하나
얘기해 볼게.

글짓기 문제였는데,
그냥 넘기고 싶었다.

답이 '생략'뿐인 전과를 보고
"이건 다 생략이네?
무슨 마법인가!" 하며
그대로 베꼈다.

다음 날,

선생님께 혼이 났다.

그날 알았다.
베낀다고
다 맞는 건 아니라는 걸.

요즘 말로 하면
'생략'은
할 말 다 했는데도
그냥 쏙 빼는 거라더라.

그 일만 아니었더라면
나는 윤동주 같은
시인이 되었을 거다.

그 이후로 내 인생은…
아, 이만… 생략한다.

+4원소+

땅의 위로
불의 열정
물의 구원
하늘의 고요

잠시,
당신의 **숨**도
조용히 **쉬어 가길** —

보랏빛 마음 _땅의 위로

조용히 보랏빛 마음 하나
천천히 열리던 그 아침-
말 한마디 없이도
세상은
참, 다정해요.

태양이 떨어졌다 _불의 열정

노을, 집에 불이 났다
세상은 구경만 한다
나는 불을 향해 조용히 뛰어든다
충분히 뜨겁다,
나도.

깊은 바닷속_물의 구원

하늘은 수면,
나는 가라앉고 있었다
숨이 멎던 순간,
고무처럼 길어진 팔이
날 끌어올렸다 - 빛이 보였다.

나르샤_하늘의 고요

그날,
고요한 하늘 끝에서
나는
마지막 바람을 타고
조용히 날아올랐다

| 에필로그 |

잠시 쉬어가는 시의 자리

모든 시는 결국,
하늘을 닮아 갑니다.

나의 마음 조각들을
조용히 눌러 담은 이 기록은
소란한 날도, 고요한 밤도
조금씩 평온으로 이끌어 주었습니다.

그리고 이제,
당신의 하루 한켠에
살며시 머물 수 있기를—

잠시
숨을 고르는 시간 속에서
조용한 빛이
당신에게도
스며들기를 바랍니다

『숨결이 닿고, 머물고, 흘러가는』
 － 서유담 (徐流淡, You dama)

이 시집은
사랑하는 아들의 생일에
완성되었습니다.

/ *Special Letter* /

언제나 그 자리에
— 사랑하는 아들에게

오늘은
네가 세상에 온 날이야.

그새 시간이 많이 흘렀구나.
어린아이였던 너의 얼굴이
아직도 눈에 선한데,

이제는
스스로의 길을 꿋꿋이 걸어가는
너의 모습이
참 기특하고 든든하다.

살다 보면,
쉬운 날보다
어려운 날이 더 많을 거야.

그럴 땐
잠시 멈춰도 괜찮다는 걸,
그리고
언제나 네 편이 있다는 걸
기억해줬으면 한다.

네가 어떤 길을 가든
나는 늘, 그 자리에,
가만히 서 있을게.

생일 축하해,
사랑하는 우리 아들.

ㅡ 엄마, 서유담(서은서)

2025년 7월,
너의 생일에.

| 시·평 |

찰나의 순간에서
영원을 발견하는 시선

김영태
(명예문학박사
전_한국문학비평가협회 부회장)

서유담 시인의 시는 일상과 자연의 미세한 순간들을 포착하여 삶의 보편적 진리를 찾아내는 깊이를 보여준다.
시집 《숨결이 닿고, 머물고, 흘러가는》은 '나는 나로 익어간다'와 '천천히 새겨지는 마음'을 통해 외면의 화려함이 아닌 오랜 시간과 고난을 통해 익어가는 내면의 성숙함이 진정한 아름다움임을 들려준다. '쉬는 날'과 '하늘과 나의 변함없는 이야기'에서는 완벽하지 않은 자신을 온전히 받아들이고, 불완전함 속에서도 평화와 자기 수용을 얻는 과정을 보여주고 있다. 그 시집은 '빗방울 오케스트라'처럼 일상의 소소한 순간에서 즐거움과 행복을 발견하고, '그리움이 내리는 날'처럼 맑은 날에도 찾아오는 슬픔을 솔직하게 마주한다. 결론적으로, 서유담 시인은 삶의 양면성을 모두 포용하며, 독자에게 모든 순간이 소중하고 자신을 온전히 사랑하는 것이 가장 중요한 여정임을 이야기하는 따뜻한 위로와 깊은 성찰의 메시지를 전달하고 있다.

서유담 시인의 시는 화려한 비유나 거창한 서사보다는, 소박하고 친근한 언어로 독자에게 깊은 공감과 울림을 선사하고 있다. 자칫, 논리적으로 빠져 시의 감각과 감성을 헤치게 될 깊은 사유의 시에서도 시의 조율을 잊지 않고 잘 견제하여 독자가 시에 쉽게 다가오고, 시인의 마음속으로 들오는 것을 허락한다.

서유담 시인의 시는 크고 거창한 것이 아니다. 그의 시는 따뜻하다. 조용한 저녁의 노을처럼, 김이 피어오르는 된장국처럼, 무심히 들리는 빗방울 소리처럼. 시인은 그런 일상 속 사소한 것들에 내면의 울림을 담아낸다. 고통과 행복, 바쁨과 쉼을 두루 품으며, 그것들이 모두 '살아 있음'의 징표라는 사실을 일깨운다. 그리하여 그의 시는 어떠한 장대한 시보다 더, 시선은 따뜻하고, 시어는 깊으며, 그 울림은 오래도록 마음에 남는다.

노을빛이
천천히 내 얼굴을 물들인다

늘어진 볼,
주름진 눈가에도
세월의 온기가 스며든다

그래도
내 눈빛은 아직 따뜻하다

가슴 뛰던 날도 있었고
무너진 밤도 있었다

이제는 안다
아름다움은 반짝임이 아니라
버텨낸 시간 속에서
천천히 새겨지는 마음이라는 걸

무엇이든 될 수 있을 것 같던
그 시절의 꿈들

길을 잃고,
되돌아가며
나는 나를 만들어 왔다

그리고 언젠가,

누군가의 마음 한켠에
나의 작은 흔적이
노을빛처럼 번져간다면―

그걸로
충분하다.
<천천히 새겨지는 마음> 전문

위 시는 '노을빛'을 주요 모티프로 삼아 삶의 황혼기에 접어든 화자의 내면을 섬세하게 묘사한다. 노을빛이 주름진 얼굴에 스며드는 모습은 세월의 흔적을 부정하지 않고, 오히려 그 시간을 따뜻하게 포용하는 시인의 태도를 보여준다. '아름다움은 반짝임이 아니라, 버텨낸 시간 속에서 천천히 새겨지는 마음'이라는 핵심 구절은 이 시의 주제를 명확히 드러낸다. 이는 젊음의 화려함보다, 수많은 좌절과 경험을 통해 다져진 내면의 성숙함이야말로 진정한 아름다움이라는 시인의 깊은 깨달음이다.

화자는 '가슴 뛰던 날'과 '무너진 밤'을 모두 겪었지만, 이제는 그 모든 경험이 자신을 만들어 온 여정이었음을 담담하게 고백한다. '길을 잃고, 되돌아가며 나는 나를 만들어 왔다'는 구절은 좌절과 방황조차 삶의 한 과정이며, 이 모든 것이 곧 자아를 완성하는 재료였음을 시사하고 있다.

마지막 연에서 시인은 이제 거창한 꿈을 좇기보다, '누군가의 마음 한 켠에 나의 작은 흔적이 노을빛처럼 번져가는 것'만으로 충분하다고 말한다. 이는 삶의 목적이 타인에게 미치는 긍정적 영향으로 확장되며, 거창한 성공보다 진정한 관계의 가치를 더 소중히 여기는 성숙한 마음을 보여주는 것이다. 짧은 인생에서 진정으로 가치 있는 것이 무엇인지, 그리고 어떻게 살아야 하는지에 대한 깊은 울림을 주고 있는 것이다.

못생긴 날들이
줄줄이 매달렸다

햇살에 쪼이고
바람에 뒤집히고
혼자 부푼 날도 있었다

그래도 버티었다.
굳세게,
내 속에서
무언가 익고 있다는
믿음 하나로

어느 날,
누군가 끓인
된장국 속에서
내 마음이
조용히 향이 났다

못생겨도 괜찮아.

이 맛은 나만 낼 수 있으니까.
<나는 나로 익어간다>전문

위 시는 '못생긴 날들'이라는 솔직한 자기 고백으로 시작한다. 이는 외형적으로 화려하지 않거나, 좌절과 시련으로 얼룩진 삶의 순간들을 상징하고 있다. 시인은 '햇살에 쪼이고', '바람에 뒤집히고', '혼자 부푼'과 같은 감각적 표현을 통해 고통스러운 시간들을 생생하게 묘사하여 들려준다. 그러나 화자는 그 모든 시련 속에서도 '굳세게' 버텨내며, '내 속에서 무언가 익어가는' 것에 대한 흔들림 없는 믿음을 보여준다. 이는 삶의 고난이 단순히 고통이 아니라, 내면을 단단하게 다지고 성숙시키는 중요한 과정임을 역설하고 있는 것이다.

시의 후반부에서 화자는 '된장국'이라는 소박하고 일상적인 소재를 통해 비로소 자신의 존재 가치를 발견하게 된다. 된장국에 스며든 '마음의 향'은 오랜 시간을 거쳐 숙성된 진정한 가치를 의미한다. 이는 화려한 겉모습이 아니라, 오랜 시간의 인내와 고통을 통해 얻어진 내면의 깊이가 결국 타인에게 따뜻한 위로와 풍미를 전할 수 있음을 나타내는 것이다.

마지막 구절인 '이 맛은 나만 낼 수 있으니까'는 이 시의 핵심적인 메시지로, 이는 세상의 잣대로 평가받는 아름다움이 아니라, 자신만의 고유한 경험과 인내로 빚어낸 개성과 존재의 가치에 대한 깊은 자부심을 드러내는 것이다. 이 시는 모든 이에게 자신만의 속도와 방식으로 익어가는 삶의 여정을 긍정하고, 그 과정 자체가 가장 아름다운 것임

을 깨닫게 해주고 있다

기지개를 켜며
느릿이 일어난다
하품 한 번, 크게

가장 편안한 자세로
쇼파에 툭-
몸을 기대 본다

폰을 만지작거리며
이곳저곳,
좋아하는 영상 하나 재생해 두고

보글보글 끓는 라면
살며시 불어오는 라면 김
이보다 행복할 수 있을까

가끔은 시 한 줄
가끔은 예쁜 그림
짧은 말 한마디에도
마음이 쿵하고 울리는 INFJ지만

평소엔 나름 잘 돌아가던
머릿속이
오늘은 뒤죽박죽
조금 흐트러져도 괜찮다

청소는 슬쩍
장보기는 클릭 한 번
쇼핑은 눈으로만
이런 여유는 아는 사람은 다 안다

라면 한 그릇의 포만감에
눈꺼풀이 스르륵-
감기려는 순간

창밖을 보니
하늘 위 흘러가는 구름

그 구름을 따라,
시간도 천천히 흐른다
<쉬는 날 - Ⅰ 구름을 따라>전문

위 시는 '기지개를 켜며 느릿이 일어나는' 첫 구절부터 독자에게 편안함을 선사한다. '하품 한 번, 크게'나 '쇼파에 툭, 몸을 기대 보는' 등의 구체적인 행동 묘사는 억지로 무언가를 하지 않는 진정한 휴식의 모습을 보여준다. 폰으로 좋아하는 영상을 보거나, 라면을 끓여 먹는 소박한 행복은 거창한 이벤트가 아닌 일상 속에서 찾을 수 있는 만족감을 강조한다.

특히, 시인은 자신의 MBTI 유형인 'INFJ'를 언급하며 예민하고 생각이 많은 내면을 드러낸다. 하지만 평소와 달리 머릿속이 흐트러져도 괜찮다고 스스로에게 말하는 모습에서, 완벽하지 않아도 되는 자유

로움과 자기 수용의 태도를 엿볼 수 있다. '청소는 슬쩍, 장보기는 클릭 한 번'이라는 표현은 현대인의 일상과 연결되며, 디지털 기술이 제공하는 편리함 덕분에 얻게 되는 여유로운 시간을 긍정적으로 그리고 있다.

마지막 연에서 화자는 라면 한 그릇에 배가 부르고 졸음이 쏟아지는 지극히 현실적인 순간, 창밖의 '흘러가는 구름'을 발견하고, 그 구름을 따라 느리게 흘러가는 시간 속에서 쉼의 정점을 맞이한다. 이는 바쁜 시간을 쫓아 살던 삶에서 벗어나, 자연의 속도에 맞춰가는 평온한 마음 상태를 상징적으로 보여주고 있다.

이 시는 바쁜 현대 사회에서 우리가 잃어버리기 쉬운 '온전한 쉼'의 가치가, 완벽하게 정리된 하루가 아닌, 흐트러지고 느릿한 하루 속에서도 진정한 행복과 평화를 찾을 수 있다는 메시지를 잔잔하게 전하고 있는 것이다.

하늘은
맑다가 흐리다가,
금방이라도 비가 쏟아질 듯
변덕을 부린다

꼭 내 마음 같다
사소한 말 한 마디에
구름이 끼고,
어떤 기억 하나에
소낙비가 쏟아지기도 한다

그런 날엔
햇살보다는 바람을 느끼고,
하늘보다는
내 마음을 들여다본다

누구도
늘 맑을 순 없으니까

흐린 날이 있어야
푸른 하늘의 소중함도
비로소 알게 된다

하늘은 변하더라도,
늘 하늘이듯-
모습이 달라져도
나는 언제나, 나였다
<하늘과 나의 변함없는 이야기> 전문

위 시는 '변덕을 부리는 하늘'을 화자의 복잡하고 예측 불가능한 감정 상태에 비유하는 것으로 시작하고 있다. '사소한 말 한 마디에 구름이 끼고', '어떤 기억 하나에 소낙비가 쏟아지는' 모습은 감정의 기복이 심한 우리의 내면을 솔직하게 보여주고 있는 것이다. 시인은 이러한 감정의 변화를 거부하지 않고, 오히려 그 순간을 있는 그대로 받아들인다.
감정이 흔들리는 날, 화자는 밖의 '하늘'이 아닌

'내 마음을 들여다본다'고 말한다. 이는 외부의 조건이나 타인의 시선에 연연하지 않고, 자신의 내면을 들여다보는 성숙한 태도를 보여주고 있는 것이다. '누구도 늘 맑을 순 없으니까'에서 시인은 완벽해야 한다는 강박에서 벗어나, 불완전함을 있는 그대로 인정하는 포용적인 시인의 마음을 보여준다.

'흐린 날이 있어야 푸른 하늘의 소중함도 비로소 알게 된다'는 이 시의 핵심적인 메시지로, 고통과 어려움의 시간들이 오히려 삶의 아름다움과 소중한 가치를 깨닫게 하는 중요한 과정임을 역설하면서, 시련을 겪는 순간조차 삶의 한 부분이며, 그 시간이 존재하기에 기쁨의 순간이 더욱 빛날 수 있다는 긍정적인 메시지를 전달하고 있다.

마지막 구절의 '하늘은 변해도 늘 하늘이듯, / 모습이 달라져도 나는 언제나, 나였다'는 이 시의 결론이자, 가장 깊은 울림을 주는 부분이다. 시시각각 변하는 감정이나 외적인 모습과 관계없이, 우리의 본질은 변하지 않는다는 굳건한 믿음을 보여준다. 이 시는 혼란스러운 세상 속에서 자신을 잃어버리지 않고, 있는 그대로의 자신을 사랑하는 법을 이야기하고 있는 것이다.

쏴아아―
빗줄기가
무대 커튼을 열어요

뚜두뚜두-
지붕은 드럼,
처마 끝은
딩딩, 실로폰!

첨벙첨벙-
고양이 발자국은
캐스터네츠처럼 딸깍딸깍

전깃줄 위 참새는
띵띵,
맑은 소리를 날려요

우다다다-
개미들이
바빠요 바빠
풀잎 사이를
바이올린처럼
살랑살랑, 달려가요

쿵쿵쿵!
장화 신은 내 발,
물웅덩이를 꾹! 꾹! 꾹!
신나게 북을 쳐요.
휘이잉-
바람은 틀라리넷!
가로수 사이로

피이— 피이— 노래하죠

똑똑똑똑—
빗방울은,
피아노 건반을 누르듯
또랑또랑,
맑게 연주해요

저 멀리 하늘에선
천둥이 꽝!
커다란 북을, 쾅쾅!

오늘은 비 오는 날,
구름이 지휘봉을 들어

쉿—
조용히 신호를 주자,

온 세상이
빗방울 오케스트라의
무대가 되었어요!
<빗방울 오케스트라>전문

위 시의 가장 큰 특징은 의성어와 의태어, 그리고 다양한 비유를 통해 비 오는 날의 풍경을 생동감 넘치는 음악회로 탈바꿈시킨 점이다. '쏴아아', '뚜두뚜두', '첨벙첨벙' 등 다양한 소리 표현은 시각적

인 묘사를 넘어 청각적인 즐거움을 준다. 지붕은 웅장한 '드럼'이 되고, 처마 끝은 맑은 '실로폰'이 되며, 심지어 고양이 발자국은 '캐스터네츠'로 변신한다. 이처럼 시인은 일상적인 소리들을 악기 소리에 비유하여 독자들의 상상력을 자극한다.

또한, 시인은 자연 속 작은 생명체들인 '개미'와 '참새'의 움직임에도 음악적 요소를 부여하고 있다. '풀잎 사이를 바이올린처럼 달려가는' 개미와 '띵 띵' 맑은 소리를 내는 참새는 자연의 모든 것이 오케스트라의 일원임을 보여준다. 특히, '장화 신은 내 발'이 물웅덩이를 밟으며 '신나게 북을 치는' 부분은 시의 화자, 즉 어린이가 이 즐거운 음악회에 직접 참여하는 주체임을 드러내며 활기찬 분위기를 더한다.

'빗방울 오케스트라'는 단순히 비 오는 날의 풍경을 묘사하는 것을 넘어, 주변의 모든 소리에 귀 기울일 때 발견할 수 있는 아름다움과 상상력의 중요성을 강조하는 따뜻하고 순수한 작품이다.

말도 없이
눈물이 툭ㅡ
먼저 떨어졌다

한 방울,
두 방울,
후드득ㅡ
유리창 뒤로

빗물이 내려앉는다
애꿎은 와이퍼가
끼익 끼익,
조용한 마음 위를
왔다 갔다.

닿지 못한 말들
참았던 기억들
겹겹이 쌓인 그리움이
아무 예고도 없이
흘러내린다

그날 하늘은
눈부시게 맑았고
나는
그 햇살 아래서
조용히 울고 있었다.

왠지, 너무 맑아서
더 그리운 날이었다.
<그리움이 내리는 날_햇볕 쨍쨍한 날> 전문

위 시는 '말도 없이 / 눈물이 툭- / 먼저 떨어졌다'는 구절로 시작하며, 예고 없이 찾아온 슬픔의 순간을 포착한다. 화자는 자신의 눈물과 '유리창 위로 빗물이 내려앉는' 모습을 병치시켜, 내면의 감정이 외부의 자연현상과 일치하는 것처럼 표현한

다. '끼익 끼익' 소리를 내는 와이퍼는 고통스러운 감정을 억지로 닦아내려는 행위처럼 느껴져, 화자의 고뇌를 더욱 생생하게 전달한다.

이어지는 '닿지 못한 말들', '참았던 기억들', '겹겹이 쌓인 그리움'이라는 구절은 화자의 눈물의 원인이 단순히 슬픔이 아니라, 오랫동안 억눌러왔던 감정들의 총체임을 보여준다. 이 감정들이 한꺼번에 터져 나오는 순간, '아무 예고도 없이 흘러내린다'는 표현은 통제할 수 없는 감정의 격렬함을 담고 있다.

이 시의 가장 큰 특징은 '그날 하늘은 눈부시게 맑았고'라는 반전이다. 일반적으로 비 오는 날에 우울함을 느끼는 것과 달리, 화자는 햇살이 쨍한 날에 슬픔을 느낀다. 이 극명한 대비는 화자의 내면과 외부 현실이 얼마나 동떨어져 있는지를 보여주며, 오히려 맑고 밝은 풍경이 화자의 슬픔을 더욱 고독하고 애절하게 만든다.

결론적으로, 이 시는 슬픔과 그리움이 단순히 우울한 감정이 아니라, 햇살 아래서도 찾아올 수 있는 삶의 한 부분임을 이야기한다. 맑은 날의 풍경이 화자의 내면을 더욱 선명하게 드러내며, 외면할 수 없는 그리움의 깊이를 독자에게 전달한다.

서유담 시인의 시집《숨결이 닿고, 머물고, 흘러가는》은 우리 삶의 모든 순간이 그 자체로 소중한 의미를 지닌다는 깊은 깨달음을 전한다.

이 시집은 일상의 작은 흔적들을 멈춰 세우고 그 속에 숨겨진 철학을 발견한다. '지는 꽃'에서 미래를 보고, '못생긴 날들' 속에서 자신만의 향기를 찾는 시인의 시선은, 삶의 고통과 불완전함마저도 아름다운 성장의 과정임을 이야기한다.
또한, '빗방울 오케스트라'처럼 평범한 순간에서 행복을 찾아내고, '쉬는 날'처럼 온전한 쉼의 가치를 노래하는 시들은 독자에게 바쁜 일상 속에서 잃어버렸던 순수한 감각과 여유를 되찾아준다.

《숨결이 닿고, 머물고, 흘러가는》은 시인의 따뜻한 숨결이 닿아, 삶의 모든 시간이 의미 있게 머물고, 마침내 아름답게 흘러가는 여정이다. 일상이 힘들고 삶의 의욕을 잃었을 때, 그리고 자신의 가치와 존재에 의문이 들 때, 이 시집이 독자 여러분의 마음에 진정한 평화와 위로를 전할 수 있을 것이라 일독을 권한다.